• BUFFET

Rezepte für 20 | 40 | 60 | 80 | 100 Personen

Renate Rittmeyer-Müller | Fotos von Roman Mensing

Inhalt

Rezepte

Vorwort

Ich bin eine Hobby-Köchin von mittlerer Begabung, chaotisch, manchmal schlampig und zur Vereinfachung neigend. Offensichtlich bin ich jedoch auch mit Mut, Fantasie und dem richtigen Feeling für das Machbare gesegnet.

Ausgestattet mit diesen Eigenschaften habe ich vor etwa 10 Jahren begonnen, für viele Personen viel Verschiedenes zu kochen, wobei es mir wichtig war, auf die üblichen mayonnaisehaltigen Reis-, Nudel- und Kartoffelsalate (mit Ausnahme von raffinierteren Varianten) und die scheinbar unumgängliche, aber teure Käseplatte zu verzichten.

Mein erstes Groß-Koch-Ereignis war ein Essen für 20 Personen mit sieben Gängen, ein Weihnachtsgeschenk an eine Tanz-Theater-Gruppe, deren Vorsitzende ich bin. Der nächste Anlass war dann eine Premiere, zu deren Feier wir etwa 100 Personen erwarteten. Mein erstes Buffet! Seither habe ich Freunde zu ihrer Hochzeit bekochschenkt und Brunchs, Bälle und Geburtstage ausgerichtet. Lob und Bewunderung der Beschenkten und ihrer Gäste entschädigten auf wunderbare Art für die Arbeit.

Für ein Buffet für 20 Personen veranschlage ich 4–5 Arbeitsstunden, für 100 Personen etwa 20. Vielleicht benötigen Sie zu Anfang mehr. Geben Sie sich daher genügend Zeit. Die Arbeiten lassen sich gut auf mehrere Tage verteilen, da beispielsweise die eingelegten Gemüse ohne Probleme schon einige Tage vorher zubereitet werden können. Dies empfiehlt sich ohnehin, da sie dann besonders gut durchgezogen sind.

Mit besonders viel Mut und Elan ist es zwar grundsätzlich möglich, alles alleine herzustellen. Besser geht es jedoch mit Helfern, wobei ich diese auf maximal zwei beschränken würde, da man sich ansonsten nur unnötig im Weg steht. Wenn mir tatsächlich zwei Helfer beiseite stehen, lasse ich beide schnibbeln, einen davon aber auch immer wieder mein Arbeitsumfeld aufräumen, Abfälle wegbringen usw.
Zu mehreren macht das Ganze natürlich auch viel mehr Spaß! Sofern man ein besonderes Ereignis feiern möchte, kann man sich die Hilfe vielleicht einfach wünschen.

Abgesehen vom Spaß beim Selbstherstellen eines Buffets ist die enorme Ersparnis ein wichtiger Faktor. Zwar möchte ich nicht mit einem professionellen Partyservice konkurrieren – auch die Preise hierfür sind ohne Frage korrekt – es gibt jedoch genügend Leute, die sich diesen Luxus einfach nicht leisten können. In der Lage zu sein, ein schmackhaftes Buffet für 100 Personen mit etwa 500–600 DM Budget zu erstellen, indem man ein wenig Arbeit und Enthusiasmus investiert, ist doch sicherlich ein großer Anreiz. Mir ist es schon gelungen, für eine Hochzeit mit 100 Gästen ein Buffet mit 40 verschiedenen Gerichten zu kochen, zu Gesamtkosten von etwa 500 DM. Meine ungläubigen Freunde, für die mein Hochzeitsgeschenk bestimmt war, kauften heimlich große Mengen Brühwürstchen in Dosen, um ihre Gäste notfalls damit zu verköstigen. Zwei Jahre später aßen die beiden immer noch davon. Natürlich sind die Kosten auch abhängig von der Jahreszeit – die besagte Hochzeit war im Spätsommer.

Es ist sicherlich für viele unvorstellbar zu errechnen, welche Mengen benötigt werden, um 100 Personen zu sättigen. Einerseits erhöhe ich in begrenztem Maße die Zutatenmengen der unterschiedlichen Rezepte. Die Erfahrung lehrt mich aber, dass z.B. nicht so viel Salat gegessen wird, wenn dieser in zu großen Portionen angeboten wird. Daher ergänze ich durch zusätzliche Gerichte. Ich stelle mir vor, wie viel ein Gast von einer Speise essen kann, und rechne dann entsprechend hoch. So verfahre ich mit jeder neuen oder erweiterten Speise. Auf diese Weise gelingt mir eine gute Einschätzung, so dass alle Gäste satt und zufrieden sind, aber nur wenig übrig bleibt.

Ich erweitere mein Repertoire ständig durch einfache, aber verblüffende Gerichte, die ich entweder selbst in einem Restaurant gegessen oder in Zeitschriften entdeckt habe. Besonders ansprechend ist, neben Kräutern natürlich, der Zusatz von Nüssen, Mandeln und Pinienkernen, die ich sehr gerne verwende.

Ich koche alles frisch. Es gibt jedoch einige Zutaten, die ich als Fertigware akzeptiere, wie Tomaten aus der Dose oder TK-Blätterteig und TK-Spinat.

Je nach Lust backe ich Pasteten in verschiedenen Variationen durch Verwendung von unterschiedlichen Backformen und unterschiedlichem Belag. Hierfür eignen sich im Grunde viele verschiedene Gemüsesorten, so dass sich allein dadurch eine große Vielfalt ergeben kann. Wenn ich unsicher bin, backe ich einige Pasteten mehr und halte sie in der Hinterhand. Werden sie dann doch nicht mehr gegessen, kann ich sie später gut einfrieren. Auch Kartoffelpuffer eignen sich hervorragend hierfür.

Auch Fleisch fehlt nicht auf meinen Buffets. Ich schneide dies immer sehr dünn und reiche dazu verschiedene Saucen.

Ganz bewusst verzichte ich auf warme Gerichte, da diese durch das Warmhalten nur weiteren organisatorischen Aufwand bedeuten. Vermisst wurden sie aufgrund der Vielfältigkeit meiner Buffets bisher nicht. Wer trotzdem nicht darauf verzichten möchte, kann einfache Suppen anbieten. Eine Tomatensuppe eignet sich hier besonders gut. Dazu werden Zwiebelwürfel in Olivenöl und Butter angeschwitzt, pürierte Dosentomaten zugefügt und mit Knoblauch, Kräutern, Salz, Pfeffer, reichlich Sahne und Fondor gewürzt. Zum Schluss kann man einen Schuss Sahne und geriebenen Parmesan unterrühren.

Nun mag so mancher denken, dass man für eine solche Vielzahl von Gerichten eine perfekt eingerichtete Küche braucht. Natürlich erleichtert dies vieles, dennoch besitze ich selbst lediglich 2 Kochtöpfe und einige Pfannen sowie Backformen. Lange Zeit stand mir nur ein 2-flammiger Gasherd zur Verfügung.

Meine Küche ist lediglich eine Nische von etwa 6 m^2. Allerdings habe ich eine große Essecke, so dass ich dort vieles lagern und hinstellen kann.

TIPPS, KURZ GEFASST

- Bleiben Sie gelassen. Es ist zu schaffen!
- Beginnen Sie frühzeitig mit dem Sammeln von Behältern für die Zwischenlagerung der fertigen Speisen. Schraubgläser und Frischhaltedosen eignen sich hierfür am besten.
- Sorgen Sie für genügend Platten, Schalen und Schüsseln, in denen die Speisen angerichtet werden können.
- Organisieren Sie ein bis zwei Helfer für die Schnibbel- und Aufräumarbeiten.
- Erstellen Sie evtl. eine Liste mit den auszuführenden Arbeiten für sich und Ihre Helfer. So kann jeder selbständig arbeiten.
- Falls Sie Ihr Buffet selbst zusammenstellen, berücksichtigen Sie bei der Erstellung Ihrer Einkaufsliste die Anordnung der Waren in Ihrem Supermarkt. Das erspart viel Rennerei.
- Bestellen Sie Obst und Gemüse in den erforderlichen Mengen bei Ihrem Gemüsehändler vor, so dass Sie die Waren später nur noch abholen müssen.
- Packen Sie alle eingekauften Zutaten aus, sofern dies möglich ist, und ordnen Sie alles auf einem Tisch, so dass Sie einen guten Überblick haben.
- Legen Sie Abfalltüten bereit.
- Wenn Sie einen Kompost oder Abfalltrennung haben, stellen Sie eine große Schüssel für organische Abfälle bereit.
- Stellen Sie alle Gefäße übersichtlich an einen leicht zugänglichen Platz.
- Schaffen Sie des Weiteren einen Platz für die fertigen Speisen.
- Stellen Sie Salz, Gewürze und gehackte Kräuter leicht erreichbar auf.

- Seien Sie flexibel im Umgang mit den Rezepten. Ein Mehr oder Weniger bei den einzelnen Zutaten schadet nicht!
- Wenn Sie das Kochen auf mehrere Tage verteilen, beginnen Sie mit Fleisch und Pasteten bzw. pikanten Torten, und frieren Sie die fertigen Speisen ein. Die eingelegten Gemüse können ohne Probleme 2–3 Tage marinieren.
- Bereiten Sie die frischen Salate erst kurz vor dem Aufbauen des Buffets zu, wobei Sie die jeweiligen Saucen natürlich erst unmittelbar vor dem Eröffnen des Buffets über die Salate geben.
- Bieten Sie die Speisen in kleineren Mengen an und füllen Sie die Platten gelegentlich auf. Dies gilt speziell für Kartoffel- und Nudelsalat ebenso wie für grüne Salate. Nach meiner Erfahrung werden größere Mengen hiervon eher abgelehnt.

Zusammenstellung des Buffets

Die Mengenangaben in den einzelnen Rezepten eines Kapitels weichen teilweise stark voneinander ab. Denn manche Gerichte lohnen erst ab einer größeren Menge die Zubereitung, andere sind besonders einfach und daher gut für viele Personen zuzubereiten. Wieder andere sind eher teuer und werden deshalb nur in kleinen Portionen angeboten.

Nachfolgend finden Sie eine Liste, die Ihnen zeigt, wie vielen „Einheiten" das jeweilige Rezept entspricht.

Mit der Tabelle können Sie dann Ihr Buffet zusammenstellen: Sie addieren die Einheiten der von Ihnen gewünschten Gerichte eines Kapitels, bis Sie auf die Einheitenmenge kommen, die dort für die angegebene Personenzahl steht. Oder Sie multiplizieren die Einheiten einzelner Rezepte, bis Sie bei dem gleichen Ergebnis sind.

Beispiel:
Pasteten und pikante Torten für 60 Personen: 6 Einheiten (laut Tabelle). Das können sein: 1 x Käse-Speck-Pastete (2 Einheiten), 1 x Brokkolipastete (2 Einheiten), 1 x Spinattorte (1 Einheit), 1 x Lauchtorte (1 Einheit). Oder 3 x Spinat-Schafskäse-Taschen (je 2 Einheiten). Bewährt hat sich eine Kombination aus beiden Möglichkeiten.

Wenn Ihnen das Selbstzusammenstellen zu umständlich ist, greifen Sie einfach auf meine lang erprobten Musterbuffets und die fertigen Einkaufslisten zurück.

RE = Rezepteinheit

FLEISCH UND SAUCEN

Putenbraten + Sauce	1 RE
Hackbällchen in Tomatensauce	1 RE
Rinderbraten + Sauce	1 RE
Schweinebraten+ Sauce	1 RE

PASTETEN UND PIKANTE TORTEN

Käse-Speck-Pastete	2 RE
Brokkolipastete	2 RE
Spinattorte	1 RE
Paprikatorte	1 RE
Specktorte	1 RE
Zwiebeltorte	1 RE
Lauchtorte	1 RE
Spinat-Schafskäse-Taschen	2 RE

EINGELEGTE GEMÜSE

Zucchini	2 RE
Champignons	1 RE
Paprika	1 RE
Auberginen	2 RE
Böhnchen	1 RE
Möhren	1 RE
Pfifferlinge	1 RE
Fenchel	1 RE
Brokkoli	1 RE
Getrocknete Tomaten	1/2 RE
Weiße Bohnen	2 RE
Überb. Auberginen-/Zucchinistr.	2 RE

SALATE UND DRESSINGS

Feldsalat + Dressing	1 RE
Rucolasalat+ Dressing	1 RE
Eichblattsalat+ Dressing	1 RE
Champignon-Carpaccio+ Dressing	1/2 RE
Fenchel-Grapefruit-Salat	2 RE
Tomaten-Mozzarella+ Dressing	2 RE
Kartoffelsalat	4 RE
Nudelsalat	2 RE

FINGERFOOD

Bruschette	1 RE
Feigen mit Schafskäse	1 RE
Ciabatta mit Tomatenpaste	1 RE
Ciabatta mit Greyerzerpaste	1 RE
Kartoffelpüfferchen	4 RE

DESSERTS

Aprikosen-Vanille-Creme	3 RE
Exotischer Fruchtsalat	2 RE
Ananas-Carpaccio	1 RE

TABELLE ZUR ERRECHNUNG DER ERFORDERLICHEN MENGEN

ANZAHL DER PERSONEN	20	40	60	80	100
FLEISCH + SAUCEN	1 RE	3 RE	5 RE	7 RE	8 RE
PASTETEN UND TORTEN	2 RE	4 RE	6 RE	8 RE	11 RE
EINGELEGTE GEMÜSE	9 RE	14 RE	20 RE	33 RE	37 RE
SALATE + DRESSINGS	7 RE	8 RE	16 RE	20 RE	22 RE
FINGERFOOD	1 RE	6 RE	8 RE	17 RE	17 RE
DESSERTS	3 RE	3 RE	7 RE	11 RE	11 RE

Musterbuffets – Rezept- und Einkaufslisten

Aus den Rezeptlisten geht hervor, die wievielfache Menge eines Gerichts zubereitet wird. Sollten Sie ein einzelnes Gericht austauschen wollen, können Sie anhand des dazugehörigen Rezepts ersehen, in welchen Mengen Sie die entsprechenden Zutaten aus der Einkaufsliste streichen bzw. ersetzen müssen.

Ich habe die Einkaufslisten so unterteilt, dass Frischwaren und dauerhafte Lebensmittel getrennt aufgeführt sind. Einige Zutaten habe ich nur in ihren Verpackungseinheiten angegeben, auch wenn diese nicht komplett benötigt werden (z.B. Tomatenmark).

Hauptzutaten, die für mehr als ein Gericht benötigt werden, habe ich mit ** gekennzeichnet. Bei den entsprechenden Rezepten gebe ich einen Hinweis, damit Sie die erforderlichen Mengen beiseite legen können.

Die Angaben auf den folgenden Seiten sind identisch mit den diesem Buch beigefügten Einkaufslisten – nur für den Fall, dass einmal eine verloren geht.

Rezeptliste für 20 Personen

Fleisch und Saucen:
- 1 x Putenbraten mit Curry-Mandarinen-Sauce

Pasteten und pikante Torten:
- 1 x Käse-Speck-Pastete

Eingelegte Gemüse:
- 1 x Zucchini
- 1 x Champignons
- 1 x Paprika
- 1 x Auberginen
- 1 x Böhnchen
- 1 x Möhren

Salate und Dressings:
- 1 x Feldsalat + Dressing
- 1 x Rucolasalat + Dressing
- 1 x Kartoffelsalat mit Apfel und Nüssen

Fingerfood:
- 1 x Ciabatta mit Tomatenpaste

Desserts:
- 1 x Aprikosen-Vanille-Creme

Einkaufsliste für 20 Personen

Fleisch:
- 1 kg Pute
- 200 g Speck, durchwachsen

Gemüse, Obst und Kräuter:
- 1 kg Zucchini
- 500 g Champignons, klein
- 4 rote Paprika
- 4 Auberginen
- 250 g Keniabohnen
- 500 g Möhren
- 2 Bund Petersilie
- 1 Topf Basilikum
- 1 Bund Lauchzwiebeln
- 1/2 Knoblauchknolle
- 1 kg Kartoffeln, fest kochend
- 1 Zitrone
- 1 Apfel

Salat:
- 300 g Feldsalat
- 300 g Rucola

Käse und Milchprodukte:
- 500 g Gouda, mittelalt
- 500 g Speisequark
- 1 l Vanilleeis
- 250 g Sahne
- 50 g Parmesan am Stück
- 1 Becher Schmand

Würzmittel:
- Salz, bevorzugt Mühle
- Pfeffer, bevorzugt Mühle
- Zucker
- Curry
- ital. Kräuter, getrocknet
- 1 Glas Mayonnaise
- 1 Glas Honigsenf (Maille)
- 1 Tube Tomatenmark
- 1 Glas Hühner- o. Gemüsebrühe

Konserven:
- 1 kl. Dose Mandarinen
- 1 gr. Dose Aprikosen
- 1 Glas eingelegte Paprika

Diverses:
- 1 Paket TK-Blätterteig
- 5 Eier
- 1 Fl. Olivenöl (Aldi)
- 1 Fl. Balsamico
- 200 g Haselnüsse
- 100 g Mandeln, gestiftelt
- 150 g Mandeln, ganz
- ca. 60 g Pinienkerne
- 100 g getrocknete Tomaten
- 3–4 St. Ciabatta o. Baguette

Rezeptliste für 40 Personen

Fleisch und Saucen:
- 2 x Putenbraten mit Curry-Mandarinen-Sauce
- 1 x Hackbällchen in Tomatensauce

Pasteten und pikante Torten:
- 1 x Käse-Speck-Pastete
- 1 x Brokkolipastete

Eingelegte Gemüse:
- 2 x Zucchini
- 2 x Champignons
- 1,5 x Paprika
- 1 x Auberginen
- 2 x Böhnchen
- 2 x Möhren
- 1 x Pfifferlinge

Salate und Dressings:
- 1 x Feldsalat + Dressing
- 1 x Rucolasalat + Dressing
- 1 x Champignon-Carpaccio + Dressing
- 1 x Kartoffelsalat mit Apfel und Nüssen

Fingerfood:
- 1 x Ciabatta mit Tomatenpaste
- 1 x Bruschette
- 1 x Kartoffelpüfferchen

Desserts:
- 2 x Aprikosen-Vanille-Creme

Einkaufsliste für 40 Personen

Fleisch:
- 2 kg Pute
- 400 g Speck, durchwachsen
- 1 kg Gehacktes

Gemüse, Obst und Kräuter:
- 2 kg Zucchini
- 1 kg Champignons, klein
- 6 rote Paprika
- 4 Auberginen
- 500 g Keniabohnen
- 1 kg Möhren
- 500 g Brokkoli
- 500 g Pfifferlinge
- 4 Bund Petersilie
- 1 Topf Basilikum
- 1 Bund Lauchzwiebeln
- 5 Zwiebeln
- 1 Knoblauchknolle

1 kg	Kartoffeln, fest kochend
2 kg	Kartoffeln, mehlig kochend
2	Zitronen
1	Apfel
500 g	Tomaten
4	Champignons, groß

Salat:

300 g	Feldsalat
300 g	Rucola

Käse und Milchprodukte:

1 kg	Gouda, mittelalt
1 kg	Speisequark
2 l	Vanilleeis
500 ml	Sahne
50 g	Parmesan am Stück
1 Becher	Schmand

Würzmittel:

	Salz, bevorzugt Mühle
	Pfeffer, bevorzugt Mühle
	Zucker
	Curry
	Muskat
	Paprika
	Fondor
	ital. Kräuter, getrocknet
1 Glas	Mayonnaise
1 Glas	Honigsenf (Maille)
1 Tube	Tomatenmark
1 Glas	Hühner- o. Gemüsebrühe
1 Tube	Senf

Konserven:

2 kl. Dosen	Mandarinen
2 gr. Dosen	Aprikosen
1 Glas	eingelegte Paprika
1 gr. Dose	Tomaten

Diverses:

1 Packung	Paniermehl
2 Pakete	TK-Blätterteig
16	Eier
2 Fl.	Olivenöl (Aldi)
1 Fl.	Balsamico
300 g	Haselnüsse
200 g	Mandeln, gestiftelt
250 g	Mandeln, ganz
ca. 120 g	Pinienkerne
100 g	getrocknete Tomaten
6–8 St.	Ciabatta o. Baguette

Rezeptliste für 60 Personen

Fleisch und Saucen:

2 x	Putenbraten mit Curry-Mandarinen-Sauce
2 x	Hackbällchen in Tomatensauce
1 x	Rinderbraten mit Pesto und Thunfisch-Kapern-Sauce

Pasteten und pikante Torten:

1 x	Käse-Speck-Pastete
1 x	Brokkolipastete
1 x	Spinattorte
1 x	Paprikatorte

Eingelegte Gemüse:

2 x	Zucchini
2 x	Champignons
2 x	Paprika
1,5 x	Auberginen
2 x	Böhnchen
2 x	Möhren
1 x	Pfifferlinge
1 x	Fenchel
2 x	Brokkoli
1 x	Getrocknete Tomaten

Salate und Dressings:

2 x	Feldsalat + Dressing
2 x	Rucolasalat + Dressing
1x	Eichblattsalat + Dressing
1 x	Champignon-Carpaccio + Dressing
2 x	Kartoffelsalat mit Apfel und Nüssen
1 x	Nudelsalat mit Lachs und Zuckerschoten

Fingerfood:

2 x	Ciabatta mit Tomatenpaste
1 x	Ciabatta mit Greyerzerpaste
1 x	Bruschette
2 x	Kartoffelpüfferchen

Desserts:

2 x	Aprikosen-Vanille-Creme
1 x	Exotischer Fruchtsalat

Einkaufsliste für 60 Personen

Fleisch:

2 kg	Pute
500 g	Speck, durchwachsen
2 kg	Gehacktes
1 kg	Bio-Rinderbraten

Gemüse, Obst und Kräuter:

2 kg	Zucchini
1 kg	Champignons, klein
9	rote Paprika**
1	gelbe Paprika
6	Auberginen
500 g	Keniabohnen
1 kg	Möhren
500 g	Pfifferlinge
2	Fenchelknollen
1,5 kg	Brokkoli**
6 Bund	Petersilie
1/2	Bund Schnittlauch
2 Töpfe	Basilikum
2 Zweige	Rosmarin
2 Bund	Lauchzwiebeln
10	Zwiebeln
2	Knoblauchknollen
2 kg	Kartoffeln, fest kochend
4 kg	Kartoffeln, mehlig kochend
4	Zitronen
500 g	Tomaten
4	Champignons, groß
250 g	Zuckerschoten
3	Äpfel
je 1	Honig-/Netzmelone
2	Granatäpfel
je 250 g	helle/blaue Trauben

Salat:

600 g	Feldsalat
600 g	Rucola
1	Eichblattsalat

Käse und Milchprodukte:

1,5 kg	Gouda, mittelalt

1 kg	Speisequark
2 l	Vanilleeis
500 ml	Sahne
200 g	Parmesan am Stück
1 Becher	Schmand
100 g	Greyerzer

Würzmittel:

	Salz, bevorzugt Mühle
	Pfeffer, bevorzugt Mühle
	Zucker
	Curry
	Muskat
	Paprika
	Fondor
	ital. Kräuter, getrocknet
	Vanillezucker
2 Glas	Mayonnaise
1 Glas	Honigsenf (Maille)
1 Tube	Tomatenmark
1 Tube	Senf
1 Glas	Hühner- o. Gemüsebrühe

Konserven:

2 kl. Dosen	Mandarinen
2 gr. Dosen	Aprikosen
1 Glas	eingelegte Paprika
1 Dose	Thunfisch
2 gr. Dosen	Tomaten
1 Glas	Kapern

Diverses:

1 Packung	Paniermehl
3 Pakete	TK-Blätterteig
1 Paket	TK-Blattspinat
28	Eier
150 g	Räucherlachs
3 Fl.	Olivenöl (Aldi)
1 Fl.	Balsamico
400 g	Haselnüsse
350 g	Mandeln, gestiftelt
350 g	Mandeln, ganz
ca. 300 g	Pinienkerne
50 g	Sonnenblumenkerne
50 g	Rosinen
300 g	getrocknete Tomaten**
500 g	Penne lisce
12–16 St.	Ciabatta o. Baguette

Rezeptliste für 80 Personen

Fleisch und Saucen:

2 x	Putenbraten mit Curry-Mandarinen-Sauce
2 x	Hackbällchen in Tomatensauce
2 x	Rinderbraten mit Pesto
1 x	Schweinebraten mit Thunfisch-Kapern-Sauce

Pasteten und pikante Torten:

1 x	Käse-Speck-Pastete
1 x	Brokkolipastete
1 x	Spinattorte
1 x	Paprikatorte
1 x	Specktorte
1 x	Zwiebeltorte

Eingelegte Gemüse:

3 x	Zucchini
4 x	Champignons
2,5 x	Paprika
2 x	Auberginen
4 x	Böhnchen
4 x	Möhren
1 x	Pfifferlinge
2 x	Fenchel
2 x	Brokkoli
2 x	Getrocknete Tomaten
1 x	Weiße Bohnen

Salate und Dressings:

2 x	Feldsalat + Dressing
2 x	Rucolasalat + Dressing
1 x	Eichblattsalat + Dressing
2 x	Champignon-Carpaccio + Dressing
1 x	Fenchel-Grapefruit-Salat
1 x	Tomaten-Mozzarella-Salat + Dressing
2 x	Kartoffelsalat mit Apfel und Nüssen
1,5 x	Nudelsalat mit Lachs und Zuckerschoten

Fingerfood:

2 x	Ciabatta mit Tomatenpaste
1 x	Ciabatta mit Greyerzepaste
1,5 x	Bruschette
1 x	Feigen mit Schafskäse
3 x	Kartoffelpüfferchen

Desserts:

2 x	Aprikosen-Vanille-Creme
2 x	Exotischer Fruchtsalat
1 x	Ananas-Carpaccio

Einkaufsliste für 80 Personen

Fleisch:

2 kg	Pute
800 g	Speck, durchwachsen
2 kg	Gehacktes
2 kg	Bio-Rinderbraten
1 kg	Schweinebraten

Gemüse, Obst und Kräuter:

3 kg	Zucchini
2 kg	Champignons, klein
11	rote Paprika**
1	gelbe Paprika
8	Auberginen
1 kg	Keniabohnen
2 kg	Möhren
500 g	Pfifferlinge
6	Fenchelknollen**
1,5 kg	Brokkoli**
8 Bund	Petersilie
1 Bund	Schnittlauch
4–5 Töpfe	Basilikum
4 Zweige	Rosmarin
2 Bund	Lauchzwiebeln
12	Zwiebeln
1	Gemüsezwiebel
2,5	Knoblauchknollen
2 kg	Kartoffeln, fest kochend
6 kg	Kartoffeln, mehlig kochend
6	Zitronen
1,25 kg	Tomaten

8 Champignons, groß
375 g Zuckerschoten
3 Äpfel
je 2 Honig-/Netzmelonen
4 Granatäpfel
je 500 g helle/blaue Trauben
1 Ananas
5 Feigen
1 rosa Grapefruit

Salat:

600 g Feldsalat
600 g Rucola
1 Eichblattsalat

Käse und Milchprodukte:

2 kg Gouda, mittelalt
1 kg Speisequark
2 l Vanilleeis
500 ml Sahne
200 g Parmesan am Stück
1 Becher Schmand
250 g Schafskäse
2 Kugeln Mozzarella
100 g Greyerzer

Würzmittel:

Salz, bevorzugt Mühle
Pfeffer, bevorzugt Mühle
Zucker
Curry
Muskat
Paprika
Fondor
ital. Kräuter, getrocknet
Vanillezucker
2 Glas Mayonnaise
1 Glas Honigsenf (Maille)
1 Tube Tomatenmark
1 Tube Senf
1 Glas Hühner- o. Gemüsebrühe

Konserven:

2 kl. Dosen Mandarinen
2 gr. Dosen Aprikosen
1 Glas eingelegte Paprika
1 Dose Thunfisch
2 gr. Dosen weiße Bohnen
2 gr. Dosen Tomaten
1 Glas Kapern

Diverses:

1 Packung Paniermehl
5 Pakete TK-Blätterteig
1 Paket TK-Blattspinat
36 Eier
225 g Räucherlachs
4 Fl. Olivenöl (Aldi)
2 Fl. Balsamico
400 g Haselnüsse
500 g Mandeln, gestiftelt
550 g Mandeln, ganz
ca. 350 g Pinienkerne
50 g Sonnenblumenkerne
25 g Pistazien
50 g Rosinen
400 g getrocknete Tomaten**
750 g Penne lisce
15–20 St. Ciabatta o. Baguette

Rezeptliste für 100 Personen

Fleisch und Saucen:

2 x Putenbraten mit Curry-Mandarinen-Sauce
2 x Hackbällchen in Tomatensauce
2 x Rinderbraten mit Pesto
2 x Schweinebraten mit Thunfisch-Kapern-Sauce

Pasteten und pikante Torten:

1 x Käse-Speck-Pastete
1 x Brokkolipastete
1 x Spinattorte
1 x Paprikatorte
1 x Specktorte
1 x Zwiebeltorte
1 x Lauchtorte
1 x Spinat-Schafskäse-Taschen

Eingelegte Gemüse:

3 x Zucchini
4 x Champignons
2,5 x Paprika
2,5 x Auberginen
4 x Böhnchen
4 x Möhren
1,5 x Pfifferlinge
2 x Fenchel
2 x Brokkoli
2 x Getrocknete Tomaten
1 x Weiße Bohnen
2 x Überbackene Zucchini- und Auberginenstreifen

Salate und Dressings:

2 x Feldsalat + Dressing
2 x Rucolasalat + Dressing
1 x Eichblattsalat + Dressing
2 x Champignon-Carpaccio + Dressing
2 x Fenchel-Grapefruit-Salat
1 x Tomaten-Mozzarella-Salat + Dressing
2 x Kartoffelsalat mit Apfel und Nüssen
1,5 x Nudelsalat mit Lachs und Zuckerschoten

Fingerfood:

2 x Ciabatta mit Tomatenpaste
1 x Ciabatta mit Greyerzerpaste
3 x Kartoffelpüfferchen
2 x Bruschette
1 x Feigen mit Schafskäse

Desserts:

2 x Aprikosen-Vanille-Creme
2 x Exotischer Fruchtsalat
1 x Ananas-Carpaccio

Einkaufsliste für 100 Personen

Fleisch:

2 kg Pute
850 g Speck, durchwachsen
2 kg Gehacktes
2 kg Bio-Rinderbraten
2 kg Schweinebraten

Gemüse, Obst und Kräuter:

2,5–3 kg	Zucchini**
2 kg	Champignons, klein
8	Champignons, groß
11	rote Paprika**
1	gelbe Paprika
14	Auberginen**
1 kg	Keniabohnen
2 kg	Möhren
1,5 kg	Tomaten
1,5 kg	Brokkoli**
6	Zitronen
750 g	Pfifferlinge
8	Fenchelknollen**
375 g	Zuckerschoten
2 Bund	Lauchzwiebeln
12	Zwiebeln
1	Gemüsezwiebel
3	Knoblauchknollen
2 kg	Kartoffeln, fest kochend
6 kg	Kartoffeln, mehlig kochend
2 Stangen	Lauch
10 Bund	Petersilie
1	Bund Schnittlauch
4–5 Töpfe	Basilikum
4 Zweige	Rosmarin
3	Äpfel
je 2	Honig-/Netzmelonen
4	Granatäpfel
je 500 g	helle/blaue Trauben
1	Ananas
5	Feigen
2	rosa Grapefruit

Salat:

600 g	Feldsalat
600 g	Rucola
1	Eichblattsalat

Käse und Milchprodukte:

2,25 kg	Gouda, mittelalt
1 kg	Speisequark
2 l	Vanilleeis
500 ml	Sahne
200 g	Parmesan am Stück
200 g	Parmesan, gerieben
2 Becher	Schmand
500 g	Schafskäse
100 g	Greyerzer
2 Kugeln	Mozzarella

Würzmittel:

	Salz, bevorzugt Mühle
	Pfeffer, bevorzugt Mühle
	Zucker
	Curry
	Muskat
	Paprika
	Fondor
	ital. Kräuter, getrocknet
	Vanillezucker
1 Glas	Honigsenf (Maille)
3 Glas	Mayonnaise
1 Tube	Tomatenmark
1 Tube	Senf
1 Glas	Hühner- o. Gemüsebrühe

Konserven:

2 kl. Dosen	Mandarinen
2 gr. Dosen	Aprikosen
1 Glas	eingelegte Paprika
2 Dosen	Thunfisch
2 gr. Dosen	weiße Bohnen
2 gr. Dosen	Tomaten
1 Glas	Kapern

Diverses:

1 Packung	Paniermehl
6 Pakete	TK-Blätterteig
2 Pakete	TK-Blattspinat**
40	Eier
5 Fl.	Olivenöl (Aldi)
2 Fl.	Balsamico
1 Glas	Honig
400 g	Haselnüsse
500 g	Mandeln, gestiftelt
550 g	Mandeln, ganz
ca. 400 g	Pinienkerne
50 g	Sonnenblumenkerne
25 g	Pistazien
50 g	Rosinen
400 g	getrocknete Tomaten
750 g	Penne lisce
225 g	Räucherlachs
20 St.	Ciabatta o. Baguette

Allgemeine Vorbereitungen

Geräte bereitstellen

- 2 Pfannen
- 2 Töpfe
- 1 Bräter
- 1 – 2 Kastenformen
- 2 Pizza- oder Tarteformen
- Verschließbare Plastikbehälter
- Mehrere Küchenmesser
- Schälmesser
- Backpinsel
- Mehrere große Plastikschüsseln für Geschnittenes
- Brotschneidemaschine für 2 mm feine Scheiben (falls nicht vorhanden, unbedingt ausleihen!)
- Schneidbretter, je nach Anzahl der Helfer
- Salatschleuder
- Sieb
- Küchenmaschine, z.B. zum Pürieren von Käse (falls nicht vorhanden, unbedingt ausleihen)
- Abfallbehälter

Zutaten vorbereiten

- Pfeffermühle auffüllen (oder Pfeffer bereitstellen)
- Salzmühle auffüllen (oder Salz bereitstellen)
- Öl bereitstellen
- Balsamico bereitstellen
- Gemüse waschen und putzen
- Getrocknete Tomaten waschen und trockentupfen
- Pinienkerne in Pfanne ohne Fett leicht bräunen (Achtung, verbrennen schnell!)
- Mandeln in Pfanne ohne Fett leicht bräunen
- Nüsse in Pfanne ohne Fett leicht bräunen
- Speckwürfel auslassen
- Blätterteig auftauen
- Spinat auftauen
- Petersilie hacken
- Knoblauch hacken
- Zwiebeln würfeln
- Basilikum waschen und in Streifen schneiden
- Nudeln für Nudelsalat kochen, abschrecken und abkühlen lassen
- Kartoffeln für Kartoffelsalat kochen, schälen und abkühlen lassen

Fleisch und Saucen

Fleisch und Saucen

Putenbraten

1 kg Putenbrust am Stück

Salz, Pfeffer

Honigsenf (von Maille)

Olivenöl

- Putenbrust salzen und pfeffern.
- Mit einem Pinsel dick Honigsenf auftragen.
- In einem Bräter Olivenöl erhitzen.
- Das Fleisch darin bei starker Hitze von allen Seiten kräftig anbraten. Etwa 2 cm hoch Wasser angießen.
- Im Ofen etwa 1 Stunde bei ca. 150 Grad zugedeckt schmoren.
- Den Braten gelegentlich wenden, ggf. Wasser ergänzen.
- Abkühlen lassen.
- Mit der Brotschneidemaschine in etwa 2 mm dicke Scheiben schneiden und auf einer Platte anrichten.
- Dazu Curry-Mandarinen-Sauce (s. S. 27) reichen.

Hackbällchen in Tomatensauce

- 1 kg Gehacktes
- 4 Eier
- 3 Zwiebeln, gewürfelt
- 2 TL Senf
- 2 TL Salz
- 2 Msp. Pfeffer
- 2 Msp. Muskat
- 1 Msp. Paprika
- 1 1/2 Tassen Paniermehl
- Olivenöl

Für die Sauce:

- 1 gr. Dose Tomaten
- 2 EL italienische Kräuter, getrocknet
- Salz, Pfeffer
- Fondor

(Musterbuffet ab 60 Personen: 6 EL Sauce abschöpfen und zu „Eingelegter Brokkoli" geben)

- Gehacktes in eine Schüssel geben.
- Eier, Zwiebeln, Senf, Gewürze und Paniermehl zufügen und alles kräftig durchkneten.
- Mit angefeuchteten Händen kleine Bällchen formen.
- In Olivenöl portionsweise von allen Seiten braten, in ein geeignetes Gefäß geben.
- Dosentomaten in die Pfanne geben und leicht mit der Gabel zerdrücken.
- Mit italienischen Kräutern, Salz, Pfeffer und Fondor würzen.
- Die Sauce kurz aufkochen lassen und über die Hackbällchen gießen.
- Vorsichtig umrühren und alles abkühlen lassen.

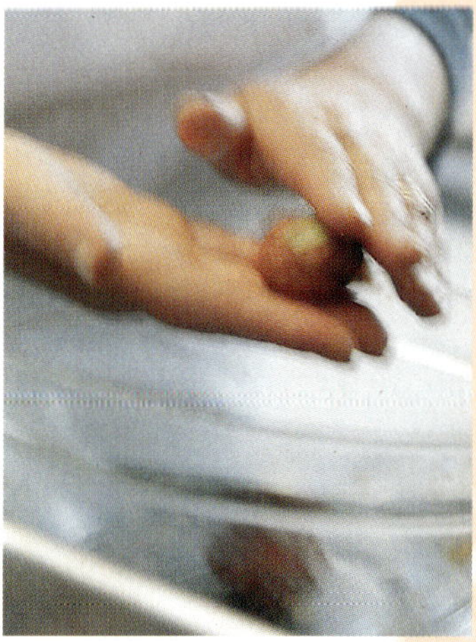

Rinderbraten

1 kg Bio-Rinderbraten
Salz, Pfeffer
Knoblauch, gehackt
Olivenöl
Rosmarin

- Rinderbraten kräftig salzen, pfeffern und mit Knoblauch einreiben.
- In einem Bräter in Olivenöl bei starker Hitze kräftig von allen Seiten anbraten.
- Mit Wasser 2 cm hoch aufgießen, Rosmarin hinzufügen.
- Im Ofen etwa 2–3 Stunden zugedeckt bei 180 Grad schmoren lassen.
- Zwischendurch gelegentlich wenden und ggf. Wasser ergänzen.
- Nach dem Abkühlen mit der Brotschneidemaschine in etwa 2 mm dicke Scheiben schneiden.
- Auf einer Platte anrichten.
- Dazu Pesto (s. S. 28) oder Thunfisch-Kapern-Sauce (s. S. 29) reichen.

Schweinebraten

1 kg Schweinebraten

Salz, Pfeffer

Knoblauch, gehackt

Olivenöl

- Schweinebraten kräftig salzen, pfeffern und mit Knoblauch einreiben.
- In einem Bräter in Olivenöl bei starker Hitze kräftig anbraten.
- Mit Wasser 2 cm hoch aufgießen.
- Im Ofen etwa 1,5–2 Stunden zugedeckt bei 180 Grad schmoren lassen.
- Von Zeit zu Zeit wenden und ggf. Wasser ergänzen.
- Nach dem Abkühlen mit der Brotschneidemaschine in etwa 2 mm dicke Scheiben schneiden.
- Auf einer Platte anrichten.
- Dazu Pesto (s. S. 28) oder Thunfisch-Kapern-Sauce (s. S. 29) reichen.

Curry-Mandarinen-Sauce

1 Dose Mandarinen
4 EL Mayonnaise
100 g Haselnüsse
1 TL Curry

- Mandarinen gut abtropfen lassen, in den Mixer der Küchenmaschine füllen.
- Mayonnaise, Haselnüsse und Curry zufügen.
- Alles pürieren.

Pesto

- 1 Bund Petersilie
- 1 Bund Basilikum
- 100 g Parmesan am Stück
- 50 g Pinienkerne
- 2 Knoblauchzehen
- Salz, Pfeffer
- Olivenöl

- Petersilie und Basilikum waschen und trockentupfen.
- Beides von den Stängeln zupfen.
- Parmesan grob in Stücke schneiden.
- Alle Zutaten außer Olivenöl in der Küchenmaschine pürieren. Salzen und pfeffern.
- So viel Olivenöl dazugeben, dass eine cremige Sauce entsteht.

Thunfisch-Kapern-Sauce

1 Dose Thunfisch

Saft von 1 Zitrone

3 EL Olivenöl

1 EL Kapern

Salz, Pfeffer

- Thunfisch mit Zitronensaft und Olivenöl in der Küchenmaschine pürieren.
- Kapern hinzufügen.
- Salzen und pfeffern.

Pasteten und pikante Torten

Pasteten und pikante Torten

Die verwendete Grundfüllung ist für alle Pasteten und Torten gleich. Addieren Sie die jeweiligen Mengen für Ihre Rezepte, und stellen Sie die Füllung für alle in einem Arbeitsvorgang her.

Käse-Speck-Pastete

Grundfüllung:

500 g mittelalter Gouda

5 Eier

2 EL italienische Kräuter, getrocknet

Außerdem:

100 g durchwachsener Speck, gewürfelt und kross gebraten

1 Paket TK-Blätterteig

2–3 EL Paprikastreifen aus dem Glas

- Den Gouda entrinden und in Stücke von etwa 2 x 2 cm schneiden.
- In den Mixer der Küchenmaschine geben.
- Eier und Kräuter hinzufügen.
- Alles gründlich pürieren.
- Eine Kastenform einfetten und mit dem Blätterteig auslegen.
- Speck und Paprikastreifen gleichmäßig darin verteilen.
- Die Eier-Käse-Füllung hinzugeben (Form zur Hälfte gefüllt).
- Im Backofen bei ca. 150 Grad etwa 1 Stunde backen.

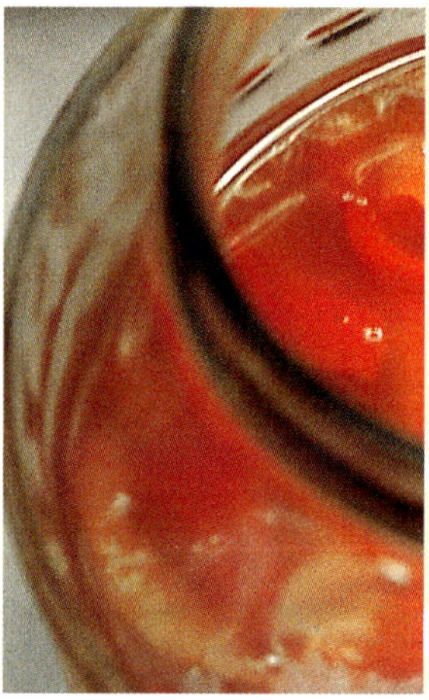

Brokkolipastete

Grundfüllung:

500 g mittelalter Gouda

5 Eier

500 g Brokkoli in Röschen

2 EL italienische Kräuter, getrocknet

Außerdem:

1 Paket TK-Blätterteig

(Musterbuffet ab 60 Personen: Brokkoli beiseite legen für „Eingelegten Brokkoli")

- Den Gouda entrinden und in Stücke von etwa 2 x 2 cm schneiden.
- In den Mixer der Küchenmaschine geben.
- Eier, Brokkoliröschen und Kräuter hinzufügen.
- Alles gründlich pürieren.
- Eine Kastenform einfetten und mit Blätterteig auslegen.
- Die pürierte Füllung hineingeben (Form zu 2/3 gefüllt).
- Im Backofen bei ca. 150 Grad etwa 1 Stunde backen.

Spinattorte

Grundfüllung:

250 g mittelalter Gouda

3 Eier

1 EL italienische Kräuter, getrocknet

Außerdem:

1 Paket TK-Blattspinat

1/2 Paket TK-Blätterteig

Salz, Pfeffer

1 Msp. Muskat

1 EL Rosinen

1 EL Pinienkerne, geröstet

- Den Gouda entrinden und in Stücke von etwa 2 x 2 cm schneiden.
- In den Mixer der Küchenmaschine geben.
- Eier und Kräuter hinzufügen.
- Alles gründlich pürieren.
- Eine runde Pizzaform einfetten.
- Mit dem Blätterteig gleichmäßig auslegen.
- Die Käse-Ei-Füllung darauf verteilen.
- Den Spinat mit Salz, Pfeffer und Muskat würzen.
- Gewaschene Rosinen und Pinienkerne hinzufügen, alles vermischen.
- Spinat auf die Käsefüllung geben.
- Mit einem Netz aus schmalen Blätterteigstreifen verzieren.
- Im Backofen etwa 30 Minuten bei ca. 150 Grad backen.

Paprikatorte

Grundfüllung:

250 g mittelalter Gouda

3 Eier

1 EL italienische Kräuter, getrocknet

Außerdem:

1/2 Paket TK-Blätterteig

1 rote Paprika

1 gelbe Paprika

(Musterbuffet für 100 Personen: restliche Paprika für „Eingelegte Paprika" beiseite legen)

- Den Gouda entrinden und in Stücke von etwa 2 x 2 cm schneiden.
- In den Mixer der Küchenmaschine geben.
- Eier und Kräuter hinzufügen.
- Alles gründlich pürieren.
- Eine runde Pizzaform einfetten.
- Mit dem Blätterteig gleichmäßig auslegen.
- Die Käse-Ei-Füllung darauf verteilen.
- Beide Paprika entkernen und in etwa 1 cm breite Streifen schneiden.
- Die Füllung abwechselnd mit roten und gelben Paprikastreifen belegen.
- Im Backofen etwa 30 Minuten bei ca. 150 Grad backen.

Specktorte

Grundfüllung:

250 g mittelalter Gouda

3 Eier

1 EL italienische Kräuter, getrocknet

Außerdem:

1/2 Paket TK-Blätterteig

2 EL durchwachsener Speck, gewürfelt und kross gebraten

- Den Gouda entrinden und in Stücke von etwa 2 x 2 cm schneiden.
- In den Mixer der Küchenmaschine geben.
- Eier und Kräuter hinzufügen.
- Alles gründlich pürieren.
- Eine runde Pizzaform einfetten und gleichmäßig mit dem Blätterteig auslegen.
- Die Käse-Ei-Füllung darauf verteilen.
- Darauf die Speckwürfel streuen.
- Im Backofen etwa 30 Minuten bei ca. 150 Grad backen.

ZWIEBELTORTE

Grundfüllung:

250 g mittelalter Gouda

3 Eier

1 EL italienische Kräuter, getrocknet

Außerdem:

1/2 Paket TK-Blätterteig

1 Gemüsezwiebel

1 EL durchwachsener Speck, gewürfelt und kross gebraten

- Den Gouda entrinden und in Stücke von etwa 2 x 2 cm schneiden.
- In den Mixer der Küchenmaschine geben.
- Eier und Kräuter hinzufügen.
- Alles gründlich pürieren.
- Eine runde Pizzaform einfetten und gleichmäßig mit Blätterteig auslegen.
- Die Grundfüllung darauf verteilen.
- Die Gemüsezwiebel in sehr dünne Scheiben schneiden.
- Zwiebeln und Speck auf die Käse-Ei-Füllung geben.
- Im Backofen etwa 30 Minuten bei ca. 150 Grad backen.

Lauchtorte

Grundfüllung:

250 g mittelalter Gouda

3 Eier

1 EL italienische Kräuter, getrocknet

Außerdem:

1 EL durchwachsener Speck, gewürfelt und kross gebraten

1/2 Paket TK-Blätterteig

2 Stangen Lauch (nur das Weiße)

- Den Gouda entrinden und in Stücke von etwa 2 x 2 cm schneiden.
- In den Mixer der Küchenmaschine geben.
- Eier und Kräuter hinzufügen.
- Alles gründlich pürieren.
- Eine runde Pizzaform einfetten.
- Mit dem Blätterteig gleichmäßig auslegen.
- Die Grundfüllung darauf verteilen.
- Lauch in etwa 5 mm dicke Scheiben schneiden.
- Zusammen mit dem Speck auf die Käse-Ei-Füllung geben.
- Im Backofen etwa 30 Minuten bei ca. 150 Grad backen.

Spinat-Schafskäse-Taschen

- 1 Paket TK-Blattspinat
- 1 EL Rosinen
- 1 EL Pinienkerne, geröstet
- Salz, Pfeffer, Muskat
- 250 g Schafskäse
- 1 Paket TK-Blätterteig
- 1 Eigelb

- Blattspinat auftauen lassen.
- Gewaschene Rosinen und Pinienkerne dazugeben.
- Mit Salz, Pfeffer und Muskat würzen.
- Schafskäse in kleine Würfel schneiden und zum Spinat geben.
- Alles gut vermischen.
- Aufgetauten Blätterteig so halbieren, dass Quadrate entstehen.
- 1 Esslöffel Spinat-Schafskäse-Mischung in die Mitte jedes Quadrats geben.
- Die Ecken einklappen, die Spitzen zusammendrücken.
- Die Taschen mit Eigelb bestreichen.
- Bei ca. 150 Grad etwa 30 Minuten im Ofen backen.

Eingelegte Gemüse

Eingelegte Gemüse

Putzen Sie alles Gemüse. Außerdem:

- Für „Eingelegte Zucchini" Gemüse in etwa 5 mm dicke Scheiben schneiden.
- Champignons vierteln (kleine Champignons ganz lassen).
- Paprika in etwa 1,5 cm breite Längsstreifen schneiden.
- Für „Eingelegte Auberginen" Gemüse in Würfel von 2 x 2 cm schneiden.
- Böhnchen an beiden Enden säubern.
- Möhren in 5 mm dicke Scheiben schneiden.
- Fenchelblätter ablösen und halbieren.
- Brokkoli in Röschen von etwa 4 cm Durchmesser zerteilen.
- Getrocknete Tomaten gründlich waschen und trockentupfen.
- Dosen mit weißen Bohnen öffnen und abgießen.
- Für „Überbackene Auberginen- und Zucchinistreifen" Gemüse in etwa 5 mm breite Längsstreifen schneiden.

Eingelegte Zucchini

1 kg Zucchini, in Scheiben von 5 mm

Olivenöl

4 TL Petersilie, gehackt

4 Msp. Knoblauch, gehackt

Salz, Pfeffer

Balsamico

(Musterbuffet für 100 Personen: 2–3 Zucchini beiseite legen für „Überbackene Auberginen- und Zucchinistreifen")

- Zucchinischeiben in Olivenöl portionsweise leicht braun braten und abkühlen lassen.
- 1 Lage in einen Behälter füllen.
- 1 Teelöffel gehackte Petersilie darüber streuen.
- 1 Messerspitze Knoblauch darauf geben.
- Salzen und pfeffern.
- Einige Spritzer Balsamico darüber geben.
- Mit allen weiteren Lagen ebenso verfahren. Gut durchziehen lassen.
- Vor dem Servieren vorsichtig mischen und ggf. nachwürzen.

Eingelegte Champignons

500 g kleine Champignons, geviertelt

Olivenöl

3 TL Petersilie, gehackt

3 Msp. Knoblauch, gehackt

Salz, Pfeffer

Balsamico

- Champignonstücke in Olivenöl portionsweise leicht braun braten. Etwas abkühlen lassen.
- 1 Lage in einen Behälter füllen.
- 1 Teelöffel Petersilie darüber streuen.
- 1 Messerspitze Knoblauch darauf geben.
- Salzen und pfeffern.
- Einige Spritzer Balsamico darüber geben.
- Mit allen weiteren Lagen ebenso verfahren. Gut durchziehen lassen.
- Vor dem Servieren vorsichtig mischen und ggf. nachwürzen.

Eingelegte Paprika

4 rote Paprika in 1,5 cm breiten Streifen

Olivenöl

2 TL Petersilie, gehackt

2 Msp. Knoblauch, gehackt

Salz, Pfeffer

Balsamico

(Musterbuffet ab 60 Personen: 1 Paprika beiseite legen für „Paprikatorte")

- Paprikastreifen portionsweise in Olivenöl braten, bis sie etwas weich sind. Leicht abkühlen lassen.
- 1 Lage in einen Behälter füllen.
- 1 Teelöffel Petersilie darüber streuen.
- 1 Messerspitze Knoblauch dazugeben.
- Salzen und pfeffern.
- Einige Spritzer Balsamico darüber geben.
- Mit allen weiteren Lagen ebenso verfahren. Gut durchziehen lassen.
- Vor dem Servieren vorsichtig mischen und ggf. nachwürzen.

Eingelegte Auberginen

4 Auberginen in Würfeln von 2 x 2 cm

Olivenöl

4 TL Petersilie, gehackt

4 Msp. Knoblauch, gehackt

Salz, Pfeffer

Balsamico

2 EL Tomatenmark

(Musterbuffet für 100 Personen: Auberginen beiseite legen für „Überbackene Auberginen- und Zucchinistreifen")

- Auberginenwürfel portionsweise in Olivenöl braten, bis sie leicht gebräunt sind. Etwas abkühlen lassen.
- 1 Lage in einen Behälter füllen.
- 1 Teelöffel Petersilie hinzufügen.
- 1 Messerspitze Knoblauch darüber streuen.
- Salzen und pfeffern.
- Einige Spritzer Balsamico und Olivenöl darüber geben.
- Mit allen weiteren Lagen ebenso verfahren.
- Zum Schluss Tomatenmark dazugeben und umrühren. Gut durchziehen lassen.
- Vor dem Servieren vorsichtig mischen und ggf. nachwürzen.

Eingelegte Böhnchen

250 g Keniabohnen

100 g durchwachsener Speck, gewürfelt und kross gebraten

2 EL Petersilie, gehackt

Salz, Pfeffer

1 TL Knoblauch, gehackt

Balsamico

Olivenöl

- Geputzte Bohnen in leicht gesalzenem Wasser bissfest kochen.
- Mit kaltem Wasser abschrecken und abtropfen lassen.
- In einen Behälter füllen. Angebratenen Speck dazugeben.
- Gehackte Petersilie dazugeben.
- Salzen und pfeffern.
- Knoblauch hinzufügen.
- Einige Spritzer Balsamico und Olivenöl darüber geben.
- Alle Zutaten vermengen. Gut durchziehen lassen.
- Vor dem Servieren ggf. nachwürzen.

Eingelegte Möhren

- 500 g Möhren in Scheiben von 5 mm
- 100 g ganze Mandeln, geröstet
- 2 EL Petersilie, gehackt
- 2 Msp. Knoblauch, gehackt
- Salz, Pfeffer
- 1 TL Zucker
- Balsamico
- Olivenöl

- Möhren in leicht gesalzenem Wasser bissfest kochen.
- Mit kaltem Wasser abschrecken und abtropfen lassen.
- In einen Behälter füllen.
- Geröstete Mandeln hinzugeben.
- Gehackte Petersilie zufügen.
- Knoblauch zufügen.
- Salzen und pfeffern.
- Zucker hinzufügen.
- Einige Spritzer Balsamico und Olivenöl darüber geben.
- Alles vermengen. Gut durchziehen lassen.
- Vor dem Servieren ggf. nachwürzen.

Eingelegte Pfifferlinge

500 g Pfifferlinge, geputzt

Olivenöl

1 EL Pinienkerne, geröstet

2 EL Petersilie, gehackt

2 Msp. Knoblauch, gehackt

Salz, Pfeffer

Balsamico

- Pfifferlinge portionsweise in Olivenöl schmoren, entstehende Flüssigkeit ggf. abgießen.
- In einen Behälter füllen.
- Geröstete Pinienkerne zufügen.
- Petersilie und Knoblauch hinzugeben.
- Salzen und pfeffern.
- Einige Spritzer Balsamico und Olivenöl darüber geben.
- Die Zutaten vorsichtig vermischen. Gut durchziehen lassen.
- Vor dem Servieren ggf. nachwürzen.

Eingelegter Fenchel

- 2 Fenchelknollen, Blätter halbiert
- Olivenöl
- 2 EL Petersilie, gehackt
- 2 Msp. Knoblauch, gehackt
- Salz, Pfeffer
- Balsamico
- Olivenöl

- Halbierte Fenchelblätter in Olivenöl leicht braun anbraten. Etwas abkühlen lassen.
- In einen Behälter füllen.
- Petersilie und Knoblauch darüber streuen.
- Salzen und pfeffern.
- Einige Spritzer Balsamico und Olivenöl darüber geben.
- Die Zutaten vermengen. Gut durchziehen lassen.
- Vor dem Servieren ggf. nachwürzen.

Eingelegter Brokkoli

500 g Brokkoli, in Röschen zerteilt

2 EL Petersilie, gehackt

2 Msp. Knoblauch, gehackt

Salz, Pfeffer

Balsamico

5 EL Tomatensauce von Rezept „Hackbällchen" (s. S. 23)

(ersatzweise Tomatenmark mit Olivenöl verrühren und würzen)

- Brokkoli in kochendem Salzwasser bissfest kochen.
- Kalt abschrecken und abtropfen lassen.
- In einen Behälter füllen.
- Petersilie zufügen.
- Knoblauch dazugeben.
- Salzen und pfeffern.
- Einige Spritzer Balsamico darüber geben.
- Tomatensauce hinzufügen.
- Alles vorsichtig verrühren. Gut durchziehen lassen.
- Vor dem Servieren ggf. nachwürzen.

Eingelegte getrocknete Tomaten

100 g getrocknete Tomaten

Olivenöl

2 EL frisches Basilikum in Streifen

1 TL Knoblauch, gehackt

Salz, Pfeffer

Balsamico

(Musterbuffet ab 60 Personen: Tomaten beiseite legen für „Ciabatta mit Tomatenpaste")

- Gut gewaschene und trockengetupfte Tomaten in einen Behälter füllen.
- Etwas Olivenöl darüber geben.
- Basilikum zufügen.
- Knoblauch hinzugeben.
- Salzen und pfeffern.
- Einige Spritzer Balsamico darüber geben.
- Die Zutaten verrühren. Gut durchziehen lassen.
- Vor dem Servieren ggf. nachwürzen.

Eingelegte weiße Bohnen

- 2 Dosen weiße Bohnen
- Olivenöl
- 4 EL Petersilie, gehackt
- 1 TL Knoblauch, gehackt
- Salz, Pfeffer
- Balsamico

- Gut abgetropfte weiße Bohnen in einen Behälter füllen.
- Etwas Olivenöl darüber träufeln.
- Petersilie und Knoblauch hinzugeben.
- Salzen und pfeffern.
- Einige Spritzer Balsamico darüber geben.
- Alle Zutaten verrühren. Gut durchziehen lassen.
- Vor dem Servieren ggf. nachwürzen.

Überbackene Auberginen- und Zucchinistreifen

2 Auberginen in 5 mm breiten Längsstreifen

2–3 Zucchini in 5 mm breiten Längsstreifen

Olivenöl

Salz, Pfeffer

1 TL Knoblauch, gehackt

100 g geriebener Parmesan

(Musterbuffet für 100 Personen: Gemüse für „Eingelegte Zucchini" und „Eingelegte Auberginen" beiseite legen.

- Auberginen- und Zucchinistreifen auf ein Backblech legen.
- Etwas Olivenöl darüber träufeln.
- Salzen und pfeffern.
- Knoblauch auf den Streifen verteilen.
- Geriebenen Parmesan gleichmäßig über die Scheiben streuen.
- Im Ofen bei mittlerer Hitze in ca. 30 Minuten braun überbacken.

Salate und Dressings

Die Dressings für Feldsalat, Eichblattsalat sowie Tomaten-Mozzarella-Salat sind identisch, so dass diese bei größeren Buffets in einem Arbeitsgang hergestellt werden können. Dazu Mengen addieren. Das Gleiche gilt für Rucolasalat und Champignon-Carpaccio.

Feldsalat mit Pinienkernen

300 g Feldsalat

50 g Pinienkerne, geröstet

Olivenöl-Balsamico-Dressing (s. S. 67)

- Feldsalat gründlich waschen und trockenschleudern.
- In einer Schale anrichten.
- Kurz vor Eröffnung des Buffets Pinienkerne und Dressing über den Salat geben.

Rucolasalat mit Parmesan

300 g Rucola

ca. 50 g Parmesan am Stück

Olivenöl-Zitronen-Dressing (s. S. 68)

- Rucola gründlich waschen und trockenschleudern.
- In einer Schale anrichten.
- Parmesan mit einem scharfen Messer in dünne Scheiben schneiden.
- Auf dem Rucola verteilen.
- Kurz vor Eröffnung des Buffets das Dressing über den Salat geben.

Eichblattsalat mit Sonnenblumenkernen

1 Eichblattsalat

1/2 Apfel

50 g Sonnenblumenkerne, geröstet

Olivenöl-Balsamico-Dressing (s. S. 67)

- Eichblattsalat gründlich waschen und trockenschleudern.
- In einer Schale anrichten.
- Apfel waschen, entkernen und in feine Scheiben schneiden.
- Apfelstückchen und Sonnenblumenkerne auf dem Salat verteilen.
- Kurz vor Eröffnung des Buffets das Dressing über den Salat geben.

Champignon-Carpaccio

4 große Champignons

ca. 50 g Pinienkerne, geröstet

Olivenöl-Zitronen-Dressing (s. S. 68)

- Champignons gründlich putzen.
- In dünne Scheiben schneiden.
- Rosettenartig auf einem großen Teller oder einer großen Platte anrichten.
- Pinienkerne darüber streuen.
- Kurz vor Eröffnung des Buffets das Dressing auf den Pilzen verteilen.

Fenchel-Grapefruit-Salat

2 Fenchelknollen

1 rosa Grapefruit

Olivenöl

Salz, Pfeffer

- Fenchel putzen und mit der Brotschneidemaschine in hauchdünne Scheiben schneiden.
- Auf einer Platte fächerförmig anrichten.
- Grapefruit schälen, dabei die weiße Unterhaut mit entfernen.
- Mit einem scharfen Messer die Filets auslösen, dabei Saft auffangen.
- Saft und Fruchtstücke zu den Fenchelscheiben geben.
- Olivenöl darüber träufeln, salzen und pfeffern.

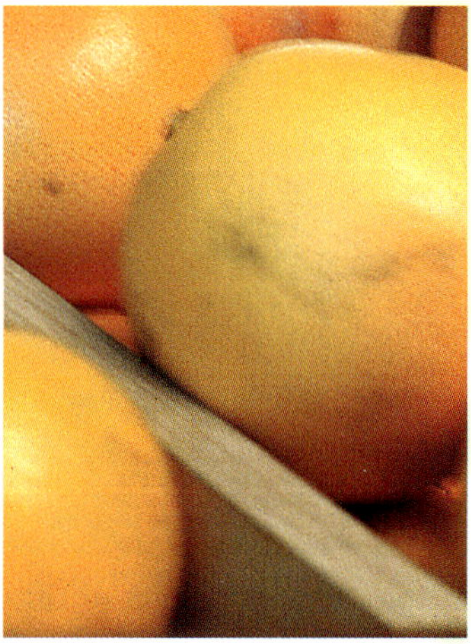

Tomaten-Mozzarella-Salat

500 g Tomaten

2 Kugeln Mozzarella

Salz, Pfeffer

20 Blättchen Basilikum

Olivenöl-Balsamico-Dressing (s. S. 67)

- Tomaten und Mozzarella in Scheiben schneiden.
- Die Scheiben abwechselnd auf einer Platte oder einem großen Teller anrichten.
- Basilikum darauf verteilen.
- Kurz vor Eröffnung des Buffets das Dressing über den Salat geben

Olivenöl-Balsamico-Dressing

1 TL Balsamico

2 TL Honigsenf

Salz, Pfeffer

100 ml Olivenöl

- Balsamico kräftig mit Senf, Salz und Pfeffer verrühren.
- Olivenöl in dünnem Strahl zufügen, dabei ständig rühren.

Olivenöl-Zitronen-Dressing

Saft von 1 Zitrone
1 Msp. Zucker
Salz, Pfeffer
100 ml Olivenöl

- Zitronensaft mit Zucker, Salz und Pfeffer verrühren.
- Olivenöl in dünnem Strahl zufügen, dabei ständig rühren.

Kartoffelsalat mit Apfel und Nüssen

1 kg Kartoffeln (fest kochend)

1 Bund Lauchzwiebeln

1 Apfel

100 g Haselnüsse, geröstet

2 EL Mayonnaise

1 EL Honigsenf

1 EL Balsamico

2 EL Schmand

1/8 l Hühner- oder Gemüsebrühe

2 EL Olivenöl

Salz, Pfeffer

(Musterbuffet ab 60 Personen: 1 Kartoffel beiseite legen für „Ciabatta mit Greyerzerpaste")

- Kartoffeln mit der Schale in Salzwasser garen.
- Abkühlen lassen, schälen und würfeln.
- Lauchzwiebeln waschen und in Ringe schneiden.
- Apfel waschen, vierteln, entkernen und in Würfel schneiden.
- Lauchzwiebeln und Apfel mit den Nüssen zu den Kartoffeln geben.
- Mayonnaise, Senf, Balsamico und Schmand mit Brühe und Olivenöl zu einem Dressing rühren.
- Mit Salz und Pfeffer abschmecken.
- Zum Salat geben und alles vorsichtig vermengen.

Nudelsalat mit Lachs und Zuckerschoten

500 g Nudeln (Penne lisce)

150 g Räucherlachs

1 Paket Zuckerschoten

4 EL Mayonnaise

2 EL Schmand

1/8 l Hühner- oder Gemüsebrühe

1/2 Bund Schnittlauch

Salz, Pfeffer

- Nudeln in Salzwasser al dente kochen, abschrecken und abkühlen lassen.
- Lachs in dünne Streifen schneiden.
- Zuckerschoten waschen und putzen.
- In Salzwasser bissfest kochen.
- Mit kaltem Wasser abschrecken und abtropfen lassen.
- Aus Mayonnaise, Schmand und Brühe ein Dressing herstellen.
- Mit Salz und Pfeffer würzen.
- Nudeln, Lachs und Zuckerschoten vorsichtig mit dem Dressing vermischen.
- Schnittlauch in längere Stücke schneiden und über den Salat streuen.

Fingerfood

FINGERFOOD

Bruschette

500 g Tomaten
1 Knoblauchzehe, gehackt
3 EL Olivenöl
1 EL Balsamico
Basilikum in Streifen
Salz, Pfeffer
Ciabatta oder Baguette

- Die Tomaten in kleine Würfel schneiden.
- Knoblauch, Öl, Balsamico und gehacktes Basilikum hinzugeben.
- Salzen und pfeffern und gut mischen.
- Zu Ciabatta oder Baguette reichen.

Feigen mit Schafskäse

5 frische Feigen
250 g Schafskäse
Pfeffer

- Feigen waschen und trockentupfen.
- In Achtel schneiden und auf einem Teller arrangieren.
- Den Schafskäse würfeln und dazugeben.
- Reichlich Pfeffer aus der Mühle darüber mahlen.

Ciabatta mit Tomatenpaste

100 g getrocknete Tomaten

1 EL Pinienkerne, geröstet

1 EL Mandeln, geröstet

10 Blättchen Basilikum

2 Knoblauchzehen

Olivenöl

Pfeffer

Ciabatta (oder Baguette)

(Musterbuffet ab 60 Personen: Tomaten beiseite legen für „Eingelegte getrocknete Tomaten")

- Tomaten gründlich waschen und trockentupfen.
- Mit Pinienkernen, Mandeln, Basilikum und Knoblauch in der Küchenmaschine pürieren.
- Olivenöl dazugeben, bis eine streichfähige Paste entsteht.
- Nach Bedarf vorsichtig pfeffern.
- Ciabatta (oder Baguette) in Scheiben schneiden.
- Einige Scheiben mit der Tomatenpaste bestreichen.
- Die übrige Paste in Schälchen zum Brot stellen.

Ciabatta mit Greyerzerpaste

- 100 g Greyerzer
- 100 g Mandeln
- 50 g Pinienkerne
- 2 Knoblauchzehen, gehackt
- 1 gekochte Kartoffel (z.B. von „Kartoffelsalat mit Apfel und Nüssen", s. S. 70)
- Olivenöl
- Salz, Pfeffer
- Ciabatta (oder Baguette)

- Den Käse grob würfeln.
- Mit Mandeln, Pinienkernen und Knoblauch in die Küchenmaschine geben, pürieren.
- Zum Schluss gekochte Kartoffel dazugeben, ebenfalls pürieren.
- So viel Olivenöl zufügen, dass eine cremige, streichfähige Paste entsteht.
- Salzen und pfeffern.
- Ciabatta (oder Baguette) in Scheiben schneiden.
- Einige Scheiben mit der Käsepaste bestreichen.
- Die übrige Paste in Schälchen zum Brot stellen.

Kartoffelpüfferchen

2 kg Kartoffeln (mehlig kochend)

2 Zwiebeln

2 Eier

2 Knoblauchzehen, gehackt

1 Bund Petersilie, gehackt

100 g durchwachsener Speck, gewürfelt und kross gebraten

Salz, Pfeffer

Olivenöl

- Rohe Kartoffeln und Zwiebeln mit Hilfe der Küchenmaschine reiben.
- In ein Sieb oder Geschirrtuch geben und gut abtropfen lassen.
- In einer Schüssel mit Eiern, Knoblauch, Petersilie und Speck mischen.
- Mit Salz und Pfeffer würzen.
- Reichlich Olivenöl in einer Pfanne erhitzen.
- Kleine Kartoffelpuffer darin ausbacken.
- Auf einem Rost abkühlen lassen.

Desserts

Desserts

Aprikosen-Vanille-Creme

1 gr. Dose Aprikosen

500 g Speisequark

250 ml Sahne

1 l Vanilleeis

100 g Mandeln, gestiftelt

- Die Aprikosen gut abtropfen lassen und in den Mixer der Küchenmaschine geben.
- Quark und Sahne dazugeben.
- Alles gut pürieren und in eine Schüssel füllen.
- Vanilleeis auftauen lassen und mit der Aprikosencreme verrühren.
- Die gestiftelten Mandeln untermischen, dabei einige zurückbehalten.
- Die restlichen Mandeln obenauf streuen.
- Bis zum Servieren kühl stellen.

Exotischer Fruchtsalat

1 Honigmelone

1 Netzmelone

2 Granatäpfel

250 g helle Weintrauben

250 g blaue Weintrauben

2 EL Zucker

1 Päckchen Vanillezucker

150 g Mandeln, gestiftelt

(Blaubeeren machen sich gut in dem Salat, sind aber nur saisonbedingt erhältlich)

- Melonen in Spalten schneiden, Kerne entfernen.
- Das Fruchtfleisch aus der Schale lösen und würfeln.
- Granatäpfel aufschneiden und die Kerne mit einem Löffel herausholen.
- Weintrauben waschen, halbieren, evtl. Kerne dabei entfernen.
- Alles Obst in eine Schale geben.
- Zucker und Vanillezucker mischen und den Salat damit süßen.
- Gestiftelte Mandeln hinzufügen.
- Alles vorsichtig mischen.

Ananas-Carpaccio

1 Ananas

Saft von 1 Zitrone

1 EL Honig

25 g Pistazienkerne, fein gehackt

- Ananas schälen und mit der Brotschneidemaschine in sehr dünne Scheiben schneiden.
- Auf einem großen Teller oder einer Platte fächerförmig anrichten.
- Zitronensaft mit Honig und Pistazienkernen mischen. Über die Ananasscheiben gießen.